Dagmar Arzenbacher

Catherine Springer

DAS STEINEHEFT

Bitte richten Sie Ihre Wünsche, Kritiken und Fragen an:
verlag das netz
Redaktion Betrifft KINDER
Wilhelm-Kuhr-Str. 64
13187 Berlin
Telefon 030.48 09 65 36
Telefax 030.481 56 86
email evagrueber@verlagdasnetz.de

ISBN 3-937785-20-5

Lektorat: Erika Berthold
Gestaltung: Jens Klennert, Tania Miguez
Druck und Bindung: Colordruck, Zwickau
Printed in Germany
Weitere Informationen finden Sie unter www.verlagdasnetz.de

Dagmar Arzenbacher
Catherine Springer

DAS

STEINE HEFT

verlag das netz

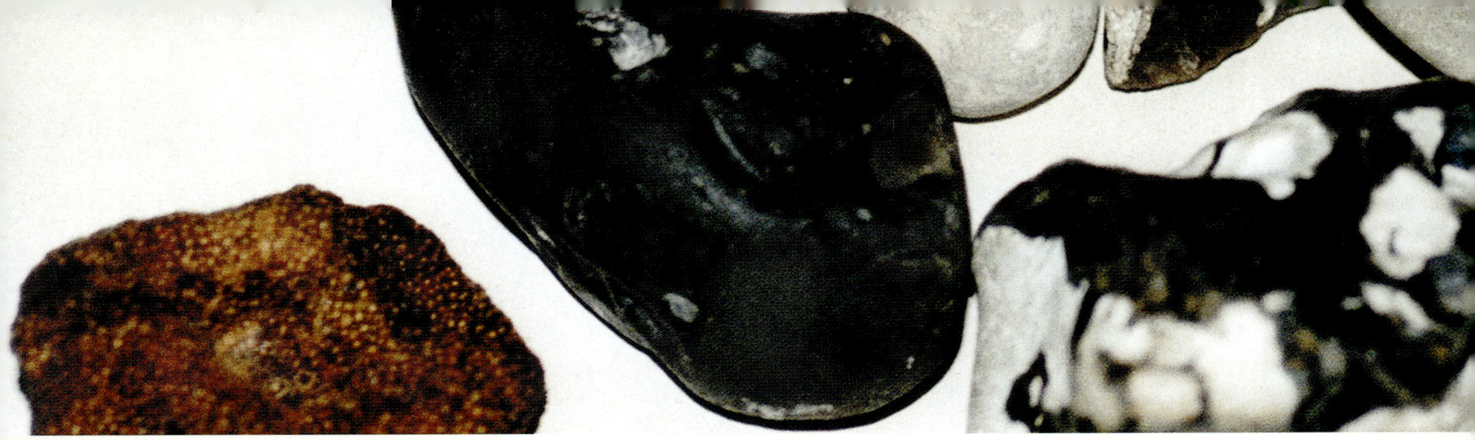

Liebe Leserin, lieber Leser,

in unserer Lernwerkstatt Schuppen 9 sind 100 und eine Ausdrucksform entstanden, weil die Vielfalt unserer Quellen – Augen, Ohren, Tastsinn, Beobachtung, Gedächtnis, Absicht, Vernunft, Fantasie, Gefühl und soziales Empfinden ebenso wie Hartnäckigkeit, Humor und Muße – zusammenwirkt. Also kein Geheimnis, keine besondere Gabe, sondern nur das, was jeder hat.

Wir haben das Sehen geübt, haben unsere Liebe zum Detail entdeckt, Vieles ausprobiert und es immer wieder faszinierend gefunden, wenn aus etwas Bekanntem etwas Unbekanntes, etwas Neues wurde. Es machte Spaß, zu beobachten, wie ganz kleine Dinge ganz groß wurden und ganz große Dinge ganz klein, wie durch Provokation etwas in Gang kam und plötzlich ein Eigenleben erhielt. Dabei waren uns die Kunst, die Architektur, die Musik, die Fotografie, die Geschichte, unser Körper und vor allem die Natur Impulsgeber.

Immer wieder empfinden wir kindliche Freude beim Verändern von Sichtweisen. Spielen, lachen, improvisieren und fantasieren, staunen über die Phänomene des Alltags – all dies lässt unsere Arbeit mit Erwachsenen und Kindern zu einem Vergnügen werden. Immer wieder stellen wir erstaunt fest, was wir entdeckt und gelernt haben.

Worauf es uns ankommt? Auf den aktiven Prozess, in dem unverstellte Wahrnehmung sensibilisiert und sich der »erwachsene« Blick für die Empfindungen und Möglichkeiten der Kinder öffnet. Wir versuchen, Gedankengängen, Vorlieben, Interessen und Fähigkeiten der mit uns Handelnden nachzuspüren, Erkenntnissen und Ergebnissen aufmerksam zu begegnen und den kreativen Prozess durch spontane Impulse in Bewegung zu halten, denn »entdeckendes Lernen« heißt für uns nichts anderes als die Auseinandersetzung mit Dingen, die alle Sinne ansprechen und es ermöglichen, dass etwas Ungeahntes Ausdruck findet, etwas Schöpferisches entsteht.

Oft erscheinen die Dinge, mit denen wir uns beschäftigen, ganz banal und alltäglich. Doch wenn wir uns mit ihnen in einen Dialog begeben, sie mit anderen Dingen konfrontieren, werden sie lebendig und manchmal sogar rätselhaft. Ein Stein wird zum magischen Gegenstand, erzählt Geschichten und wird zum Startblock für einen Sprung in fantastische Gewässer. Alles ist so unterschiedlich und einzigartig, vergleichbar und doch auch wieder

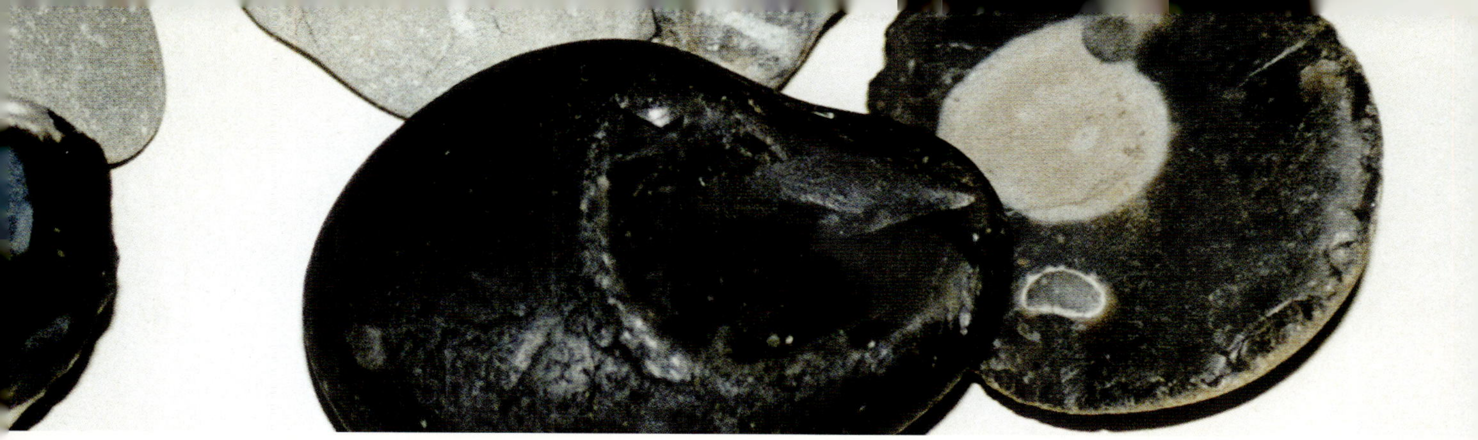

nicht. Man kann sie nicht hoch genug würdigen, die Geschenke der Natur, denn sie haben einen verführerischen Reiz. Sie verbergen eine Welt in sich, die man auf unterschiedlichen Wegen und mit vielfältigen Mitteln erforschen kann, wenn man loslässt und der Fantasie freien Raum gibt. Dann wird im Kleinen das Große ahnbar.

Nehmen wir die Steine. Unter der Erdoberfläche eröffnet sich eine faszinierende Welt – das Reich der Steine. Es ist das prächtigste und vielfältigste Reich, das es im Kosmos überhaupt gibt. Steine, auch ganz gewöhnliche, die überall herumliegen, können unser Interesse wecken. Sie begegnen uns in der Stadt und auf dem Land, auf Straßen und an Wegen, in Höhlen, auf Bergen und in Hosentaschen. Es kommt auf die Betrachtungsweise an. Mal faszinieren uns Handschmeichler, mal sind es Mitbringsel vom Strand, von einer Wanderung. Wir finden die Form, die Struktur, den Glanz, die Äderungen oder die Farbe so schön, dass wir die Steine mit nach Hause nehmen.

Steine haben ihre Zeichen, ihre Sprache und ihre Wege. Sie führen uns unter die Erde, ins Meer, um die ganze Welt und auf andere Gestirne. Sie erzählen uns Geschichten über Zeiten, in denen es noch keine Menschen gab. Lassen wir Tiere und Pflanzen einmal weg, besteht eigentlich alles aus Steinen und Mineralien. Steine sind unsere ältesten Lebenspartner und stumme Lehrer, sagt Johann Wolfgang von Goethe. Wenn wir uns mit ihnen beschäftigen, werden sie lebendig.

Hat jemand Langeweile? Braucht jemand noch ein Bastel- oder Ausmalbuch? Nein, denn unser Steine-Projekt soll zeigen: Dies ist ein Weg, auf dem Kindergärten und Grundschulen ihren Anspruch, Bildungseinrichtungen zu sein, auf unverwechselbare Weise erfüllen können. Lesen und schauen Sie, bringen Sie die Steine ins Rollen, damit sie Steine des Anstoßes werden für viele Abenteuer. Teilen Sie sie mit den Kindern und seien Sie gespannt, darauf, was dann passiert. Für Ihre eigenen Ideen haben wir im Heft ein wenig Platz gelassen.

Wir wünschen Ihnen, dass Sie sich mit den Kindern viel Zeit nehmen können für Beobachtungen, Experimente und Spiele. Das leben die Steine uns vor. Sie sind langsamer als wir.

Ihre
Dagmar Arzenbacher und Catherine Springer

Erich Fried

Die Zeit der Steine

Wer die Steine reden hört
weiß
es werden nur Steine bleiben

Wer die Menschen reden hört
weiß
es werden nur Steine bleiben

Nichts weicher als Wasser
nichts härter als Stein
doch bezwingt das weiche Wasser
den harten Stein
Schwaches besiegt Starkes
Starres unterliegt Beweglichem
Jeder weiß es
niemand handelt danach
Wahres ist oft das Gegenteil

Laotse

Steinwüste – einen Stein im Brett haben – Steinmetz – Speckstein – Steinschleier – Schornstein – steter Tropfen höhlt den Stein – Kalkstein – ein Tropfen auf dem heißen Stein – Meilenstein – wer im Glashaus sitzt, soll nicht mit Steinen werfen – Steinofen – Stein und Bein schwören – Einstein – Stein und Bein frieren – Steingut – ein Stein fällt vom Herzen – Monatsstein – Steine erweichen – Grabsteine – Feldsteine – Kieselsteine – Spielsteine – Zahnstein – Urinstein – Steinbeil – Gallenstein – Backstein – Schachstein – Ziegelstein – Steinkohle – Bimsstein – Dominostein – Marmorstein – Pflasterstein – Glitzerstein – Baustein – Leuchtstein – Steinplatten – Orientierungsstein – Taststein – Steinlöcher – Steinturm – Kristallstein – Grenzstein – Stolperstein – Steinskulptur – Mühlstein – Steinschleuder – Steinzeit – Steinschlag – Kopfstein – Mauerstein – Steinbüste – Steintreppe – Steinfisch – Backsteinhaus – steinhart – Steinmarder – Bettstein – Steinbruch – Hinkelstein – ein Herz aus Stein – Feuerstein – Stein auf Stein – steinalt – Klangstein – steinreich – Mahlstein – Malstein – Steinsprung – Zauberstein – Glücksstein – Erinnerungsstein – Lutschstein – Steinwurf – Edelstein – Tropfstein – Kirschstein – Lieblingsstein

Wem fallen noch mehr Steine ein?

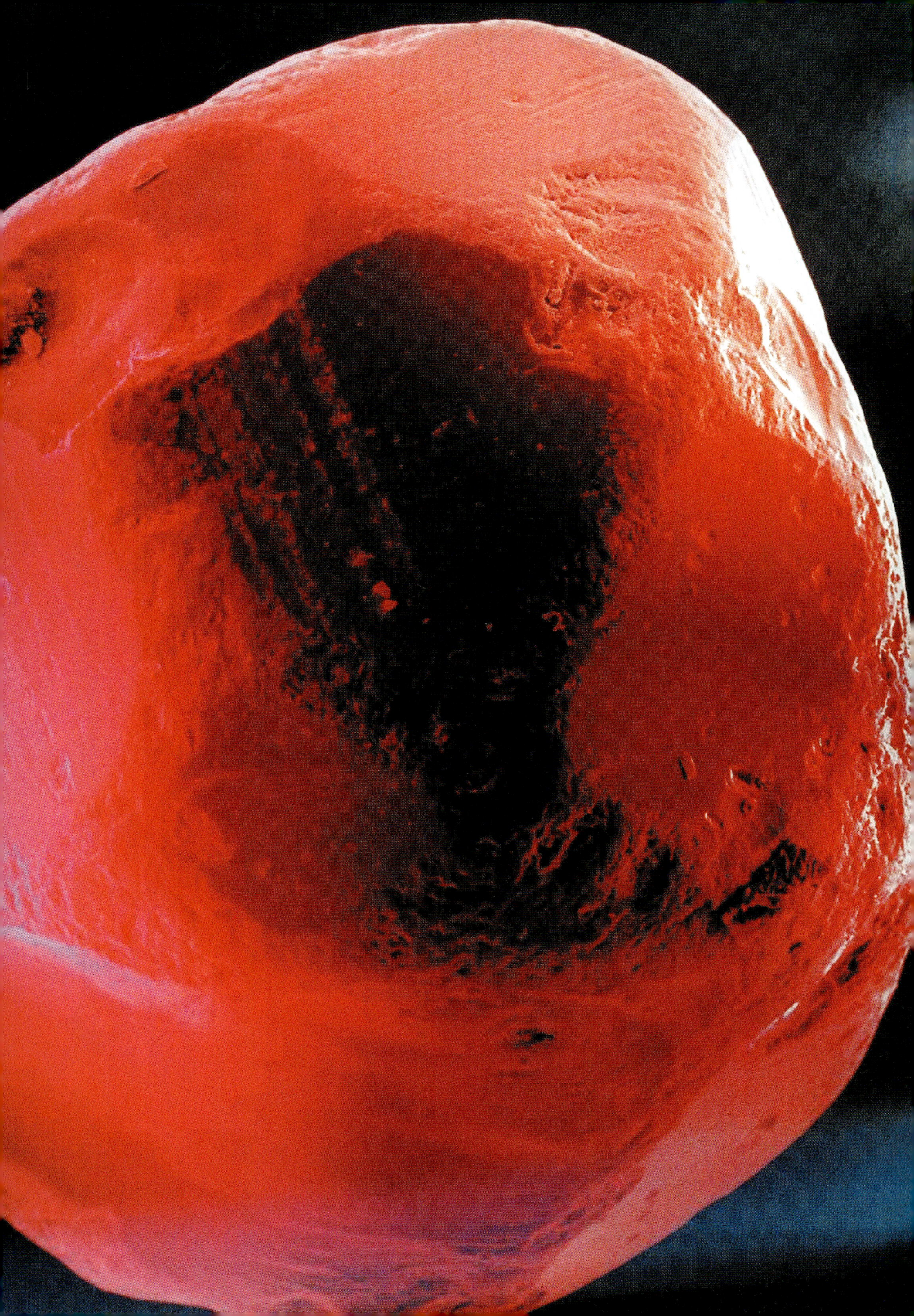

St wie Stein

Wusstet ihr, dass Steine...

... veränderlicher sind, als wir denken?

... aus verschiedenen Mineralien bestehen?

... alle verschiedenen sind?

... schwimmen können?

... auch im Bauch wachsen können?

... Feuer machen können?

... vor Krankheiten schützen können?

... singen können?

... hüpfen können?

... verwittern können?

... vom Himmel fallen?

... Wärme speichern können?

... im Flussbett »gequältes Gestein« heißen?

... benutzt werden, um Farben herzustellen?

... sich selbst heilen können?

... magnetisch sein können?

... Wissenschaftlern erzählen, wie alt sie sind?

... so klein wie ein Staubkorn sein können?

... viele Meter groß sein können?

... Unglück bringen können?

... in Gold und Silber verwandelt werden können?

... die Erdkruste und den oberen Erdmantel aufbauen?

... Jahresschichten haben?

... besonders kostbar sind, wenn sie vom Mond kommen?

... unerschöpflich sind und tausend Fragen aufwerfen?

Was ist ein Mineral?

Sammeln

Johann Wolfgang von Goethe war nicht nur ein berühmter Dichter, sondern auch Naturwissenschaftler. Er hat mehr als 18 000 Steine gesammelt. Die meisten hat er gefunden. Manche hat er eingetauscht oder geschenkt bekommen. Er hat sie gezählt, mit Nummern versehen, beschrieben, erforscht und sie in kleinen Kästen aufbewahrt.

Legt eine Steinsammlung an und sammelt vorher kleine Kästen, Gläser und andere Steine-Behältnisse.

Wart ihr schon mal in einem Naturkundemuseum?

Da gibt es Dinosaurier, alte Knochen und viele Steine. Die werden leider meist übersehen...

Rutil
Opal
Quarz
Quarz

Steine-Alphabet

A	Azurit	N	Neptunit
B	Bismuthinit	O	Opal
C	Cerussit	P	Plutonit
D	Dolomit	Q	Quarz
E	Enstatit	R	Rubin
F	Fluorit	S	Smaragd
G	Granat	T	Tigerauge
H	Himbeerspat	U	Uranophilit
I	Ilvait	V	Vulkanit
J	Jadeit	W	Wulfenit
K	Kernit	X	Xenotim
L	Lasurit	Y	Yellow Ground
M	Magnesit	Z	Zirkon

So viele verschiedene Steine gibt es und noch viel mehr. Ihre Namen klingen eigenartig.

Wie mögen die Steine aussehen?

Versucht, herauszufinden, wie die Steine heißen, die ihr gesammelt habt.
Oder denkt euch selbst Namen aus.

Edelsteine

Denkt euch Geschichten über Kronen, Ketten, Ringe und andere edelsteingeschmückte Gegenstände aus.

Diesen Edelstein zeichnete der Maler Jonathan Borofsky 1982 und nannte sein Bild »Ich fand einen roten Rubin«. Das Bild ist ein Aquarell. Die Farben sind durchscheinend, und der Bleistiftstrich bleibt sichtbar.

Wenn ihr Edelsteine malen wollt – Aquarellpapier eignet sich am besten.
Nehmt Verwaschpinsel. Diese Pinsel haben ganz weiche Haare und können viel Wasser aufnehmen.

Probiert es aus...

Wulfenit

Smaragd

Cerussit

Diese leeren Seiten könnt ihr für eigene Ideen, Arbeitsnotizen, Bemerkungen, Zeichnungen, Fotos und Beobachtungen nutzen. Viel Spaß!

Steintiere

Steinadler · Steinfliege · Steinläufer · Steingarnele · Steinfrosch

Sind Steintiere versteinerte Tiere? Oder fressen sie Steine?
Vielleicht sehen sie aus wie Steine? Oder sie leben in Steinen...

Findet heraus, warum die Tiere diese Namen haben.
Fragt eure Freunde oder Erwachsene.

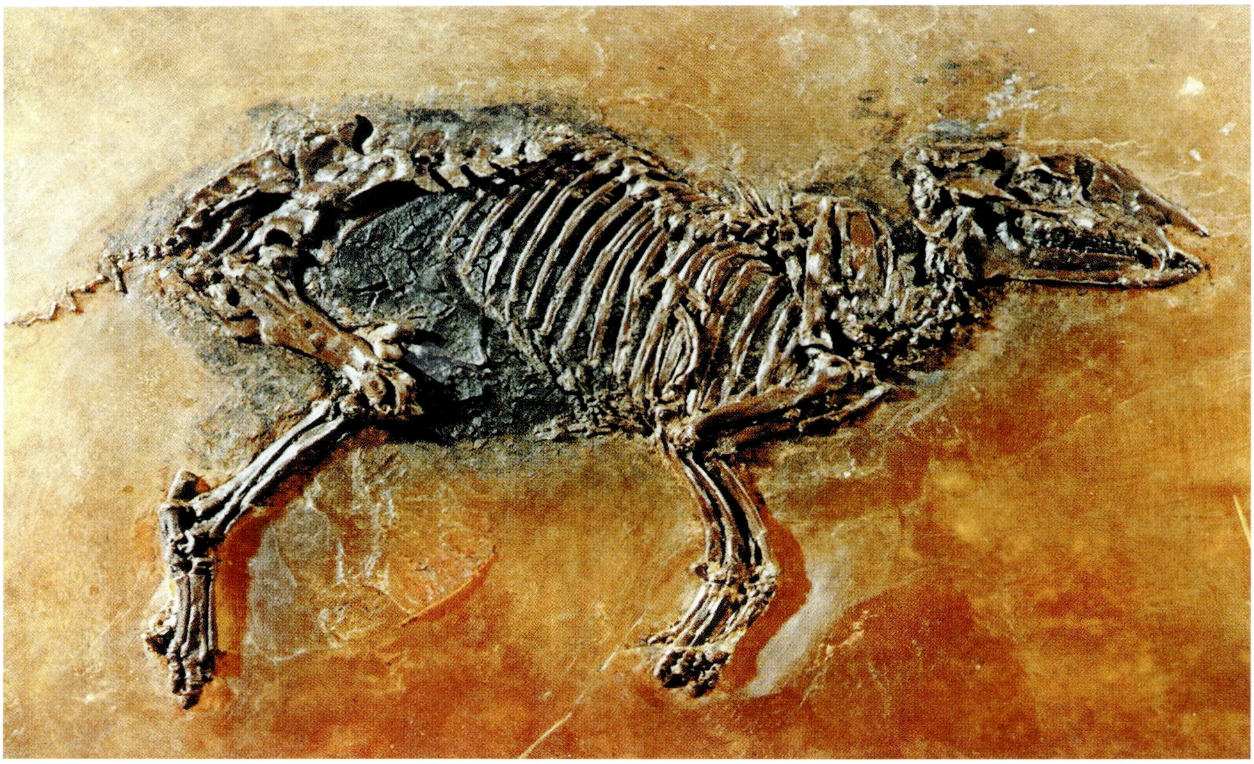

Das ist ein versteinertes Urpferdchen.
Es ist 30 Zentimeter groß und lebte vor Millionen Jahren.

Steinbilder

Das ist ein Materialbild.

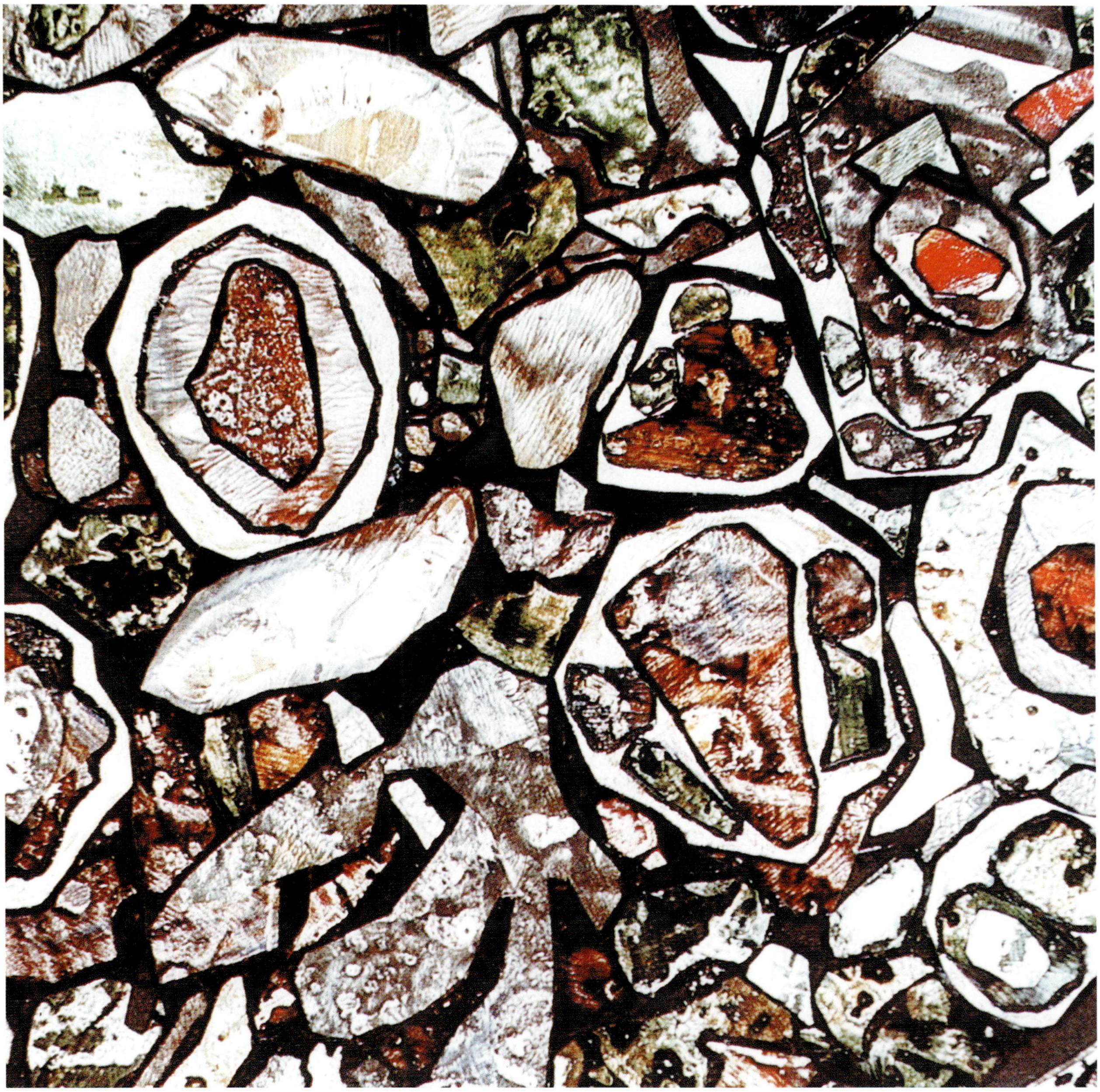

Man nennt es auch Assemblage.
Der französische Künstler Jean Dubuffet hat auf diesem Bild viele Papierschnipsel zusammengefügt, mit Formen und Farben gespielt.

Reißt Papier in Schnipsel und klebt damit Steine-Bilder.

Mit Zeichenkohle könnt ihr eure Lieblingssteine malen.
Ihr könnt auch Schwämmchen oder die Finger zu Hilfe nehmen.

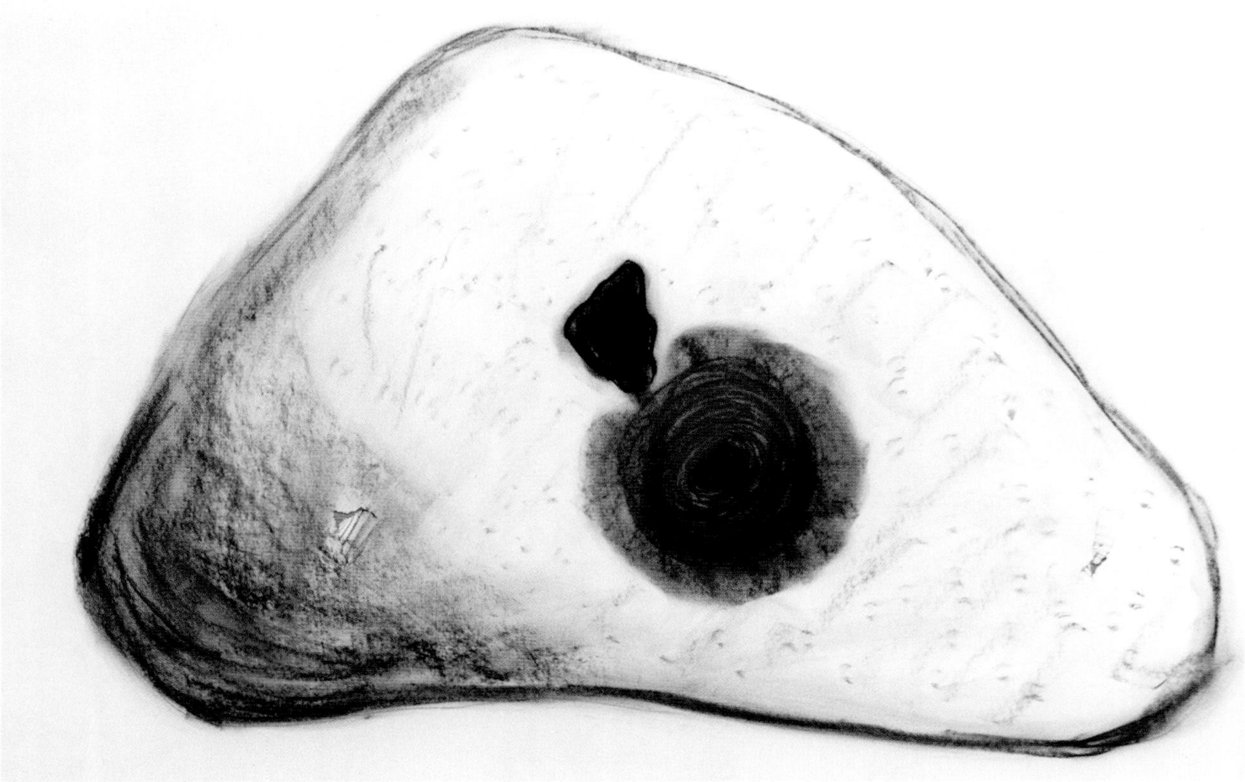

Schwarze Steine eignen sich besonders gut, denn man kann die Dellen, Löcher, Vertiefungen und Buckel gut erkennen.
Kleine Steine werden riesengroß, wenn ihr große Papierbögen nehmt.

Manche Steine haben Farbtöne vom hellsten Grau bis zum tiefsten Schwarz.
Es ist sehr interessant, sie zu malen, denn man muss die Farben aus Weiß und Schwarz mischen. Wenn man viel Wasser nimmt, zaubert der Pinsel ganz zarte Grautöne.

Vergleicht die Farbtöne, sortiert sie und gebt jedem Ton einen eigenen Namen.
So werdet ihr Farbenerfinder.

Bauen und Konstruieren

Auch aus Steinen, die in den Weg gelegt werden, kann man Schönes bauen.
Johann Wolfgang von Goethe

Baut Steintürme – hoch, höher, am höchsten. Ihr könnt mit einem Zollstock, Lineal oder Zentimetermaß nachmessen, wie hoch sie geworden sind.

Andy Goldsworthy ist ein Künstler, der Steine zum Leben erweckt und Kunstwerke schafft, die nur im Augenblick leben und sich ständig verändern, denn Steine sehen im Sonnenlicht, im Regen, in der Dunkelheit und im Schnee immer wieder anders aus.

Wie viele Türme gibt es in eurer Stadt, in eurem Dorf?
Wie sehen sie aus? Und warum wurden sie gebaut?
Wie hoch ist der höchste Turm?

Glückssteine

Eins, zwei, drei, vier – das Glück gehört mir!

Wer einen Stein mit Loch oder ein Steinherz findet, der hat Glück und kann sich etwas wünschen, heißt es. Aber nach solchen Steinen muss man geduldig suchen, denn sie verstecken sich.

Manche Leute nennen einen Stein mit Loch übrigens Hühnergott und glauben, dass er Geister vertreiben kann.

Reihen, Kreise, Linien

Steine sind klein und groß, dick und dünn, flach und bauchig, eckig und rund, lang, kurz oder spitz.

Nach welchen Merkmalen könnte man sie sortieren?

Sortiert Steine und legt Reihen, Kreise und Linien.

Experimentieren und Forschen

Im Wasser verändern Steine ihre Farbe.
Manche schwimmen und ziehen Kreise, andere sinken.

Beobachtet, was Steine alles können.

Mit der Lupe könnt ihr viel auf einem Stein entdecken.
Malt auf, was ihr seht.

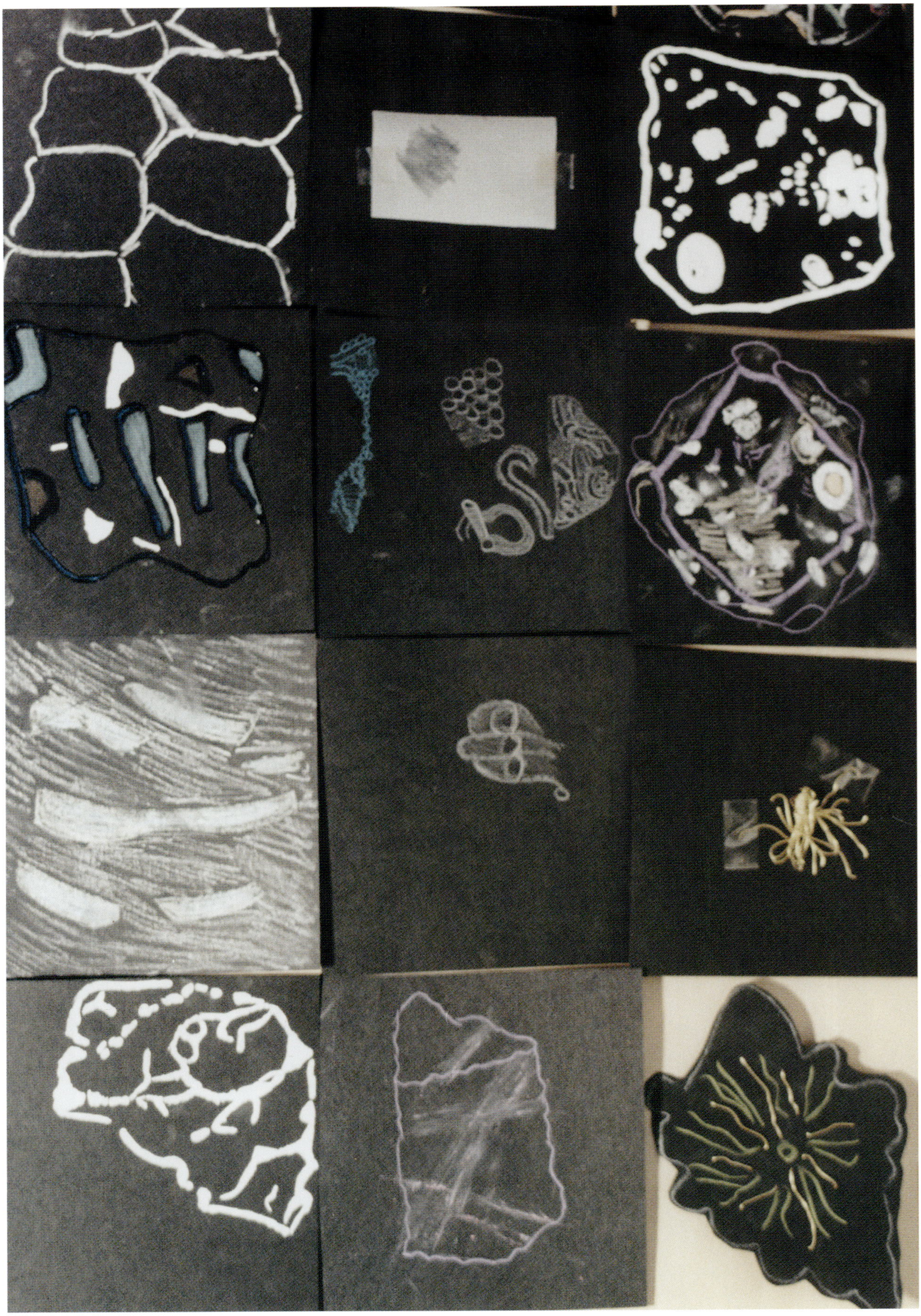

Feine Wege und Linien zeichnen sich auf den Steinen ab.

Versucht, sie mit Bleistift abzuzeichnen. Oder legt ihre Windungen mit einem Stück Schnur nach.

Manche Steine leuchten und glänzen.

Gestaltet solche Steine mit Transparentpapier oder farbigen Folien und klebt sie ans Fenster.

Ob das ein Sonnenstein ist?
Er strahlt ganz besonders.

Das Steine-Hörspiel

Steine machen Geräusche.
Jeder Stein klingt anders, und zusammen erzählen sie eine Geschichte.

Ihr könnt sie mit einem Tonbandgerät aufnehmen.

Bauwerke

Häuser, Mauern und Wände werden oft aus Steinen gebaut.
Es gibt ganz verschiedene Bauweisen.

Auch auf der Straße findet man Steine – im Katzenkopf-Pflaster zum Beispiel.
Auf Gehwegen sind die Pflastersteine oft zu schönen Mustern angeordnet.

Spaziert durch die Stadt, nehmt einen Fotoapparat mit und fotografiert Teile von Mauern und Stücke von Straßenpflaster. Denkt euch dazu Geschichten aus.

Vielleicht kennt jemand einen Maurer?
Ladet ihn ein und fragte ihn über Steine aus.

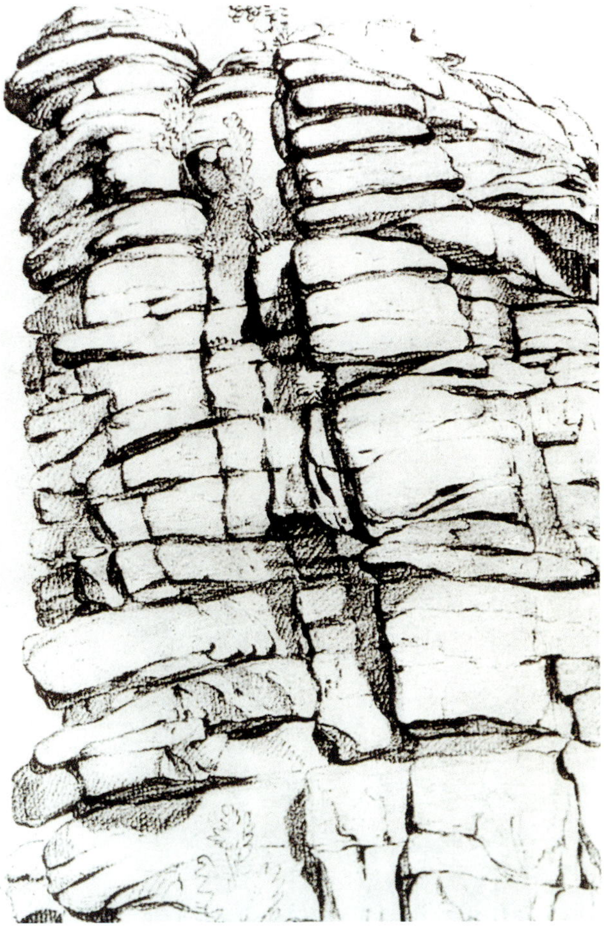

Berühmte Maler ließen sich von Steinen anregen.

Die Mauer zeichnete der Grieche Jannis Kounellis.

Versucht, Mauersteine zu zeichnen. Besonders gut geht es mit einem weichen Bleistift.

Den »Wernigeroder Feuerstein«, der wie eine Mauer aussieht, zeichnete Johann Wolfgang von Goethe.

Das Bild vom Schloss auf dem Stein auf der folgenden Seite stammt von René Magritte.

Die riesige Granitschale steht in Berlin, am Fuß der Freitreppe des Alten Museums. Sie wurde von dem berühmten Architekten Karl Friedrich Schinkel entworfen. Gebaut hat sie der Steinmetz Cantian. Als sie eingeweiht wurde, saßen mehr als 40 Gäste auf dem Schalenrand und feierten ein Fest.

Gibt es in eurer Stadt auch steinerne Denkmäler?

Findet heraus, aus welchen Steinen sie bestehen.

Diese leere Seite könnt ihr für eigene Ideen, Arbeitsnotizen, Bemerkungen, Zeichnungen, Fotos und Beobachtungen nutzen. Viel Spaß!

Grenzstein
a.d. Boppparder
Gemarkung

Stein-Geschichten

Es war einmal ein Steinpilz. Er wuchs unter einer Steineiche. Eines Tages bekam er einen Nierenstein, jammerte und klagte. Das hörte der Steinadler und erzählte es dem Steinbeißer. Der sagte es der Steinfliege weiter. Die drei machten sich auf, um den Steinpilz zu trösten. Da sahen sie, dass ihnen lauter Steine im Weg lagen, riefen einen steinalten Steinmetz, und der räumte die Steine fort. Wohin? In den Steinbruch natürlich. Dort nahm der Steinmetz seine Steinaxt, suchte nach Steinkohle und Edelsteinen aus der Steinzeit, verkaufte sie, wurde steinreich und spendierte dem Steinpilz eine Nierenstein-Kur.

Denkt euch Geschichten vom Steinfrosch und der Steinmücke aus.

Unterm Stein

Unter größeren Steinen lebt allerlei Getier. Mit einer Lupe könnt ihr es gut beobachten. Wenn es euch gelingt, einen Tausendfüßler oder eine Assel einzufangen, könnt ihr sie zeichnen. Danach lasst ihr sie wieder frei.

Legt eine Sammlung von Zeichnungen der Lebewesen an, die es sich unter Steinen gemütlich machen.

Versucht, mehr über sie herauszufinden.

Versteinerte Gesichter

Im Museum könnt ihr Masken aus Stein finden. Sie sind viele hundert Jahre alt. Für die Menschen, die sie bauten, hatten sie große Bedeutung. Vielleicht könnt ihr etwas darüber erfahren.

Aus Packpapier oder Wellpappe lassen sich leicht Masken herstellen. Bemalt das Papier oder die Pappe mit Tempera- oder Schulmalfarben und lasst euch dabei von den Steinen anregen, die ihr gesammelt habt.

Steine-Theater

Hosentaschensteine erzählen:
Das Märchen vom Kieselstein

Es war einmal ein Kieselstein. Obwohl er so klein war, hatte er viel erlebt. Vor vielen Jahrtausenden war er einmal ganz groß. Aber eines Tages setzte sich ein Dinosaurier auf ihn, und er zerplatzte in eine Million Stücke. Als die Eiszeit kam, wurde er hin und her geschoben, bis er ganz rund war. Irgendwann schmolz das Eis. Da lag er im Wasser und glitzerte. Als das Wasser fortlief und die Sonne schien, wurde ihm warm. Wie er sich gerade so wohlig dehnte, griff eine Hand nach ihm, und er landete in der Hosentasche des kleinen Johann Wolfgang von Goethe. In dieser Tasche traf er eine Menge Freunde, die genau so klein, rund und warm waren wie er. Im Dunkeln erfanden sie gemeinsam neue Geschichten.

Material: viele Steine und große Stoffstücken zum Verkleiden

Stein-Spiele

Steine auf dem Kopf balancieren – auf den Fingerspitzen weitergeben – verstecken – fühlen – einpacken – tauschen – bemalen.

Mit Steinen kann man fast alles spielen, auch Vater-Mutter-Kind.

Welche Spiele mit Steinen kennt ihr?

Steinobst-Rätsel

Was ist Steinobst?

Dieses Obst muss lecker geschmeckt haben.

Könnt ihr erraten, was es war?